Impressum
Verlag: BABADADA GmbH, Nedderfeld 112 , 22529 Hamburg
Geschäftsführer / Verlagsleitung: Harald Hof
Druck: Books on Demand GmbH, In de Tarpen 42, 22848 Norderstedt

Imprint
Publisher: BABADADA GmbH, Nedderfeld 112 , 22529 Hamburg, Germany
Managing Director / Publishing direction: Harald Hof
Print: Books on Demand GmbH, In de Tarpen 42, 22848 Norderstedt

escola
el colegio

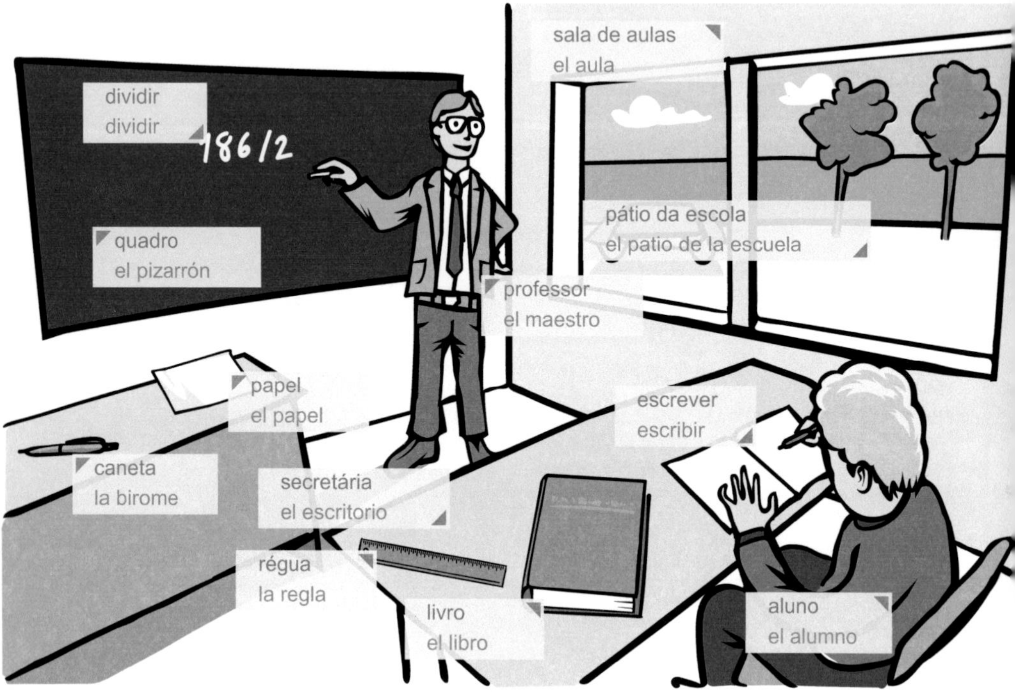
sala de aulas
el aula
dividir
dividir
186/2
quadro
el pizarrón
pátio da escola
el patio de la escuela
professor
el maestro
papel
el papel
escrever
escribir
caneta
la birome
secretária
el escritorio
régua
la regla
livro
el libro
aluno
el alumno

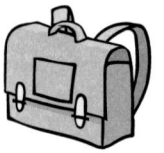

mochila

la mochila

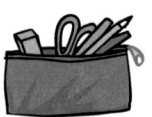

estojo de lápis

la caja de lápices

lápis

el lápiz

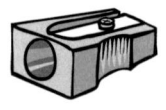

afia-lápis

el sacapuntas

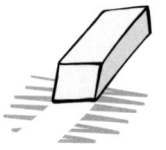

borracha

la goma (de borrar)

bloco de desenho

el bloc de dibujo

desenho

el dibujo

pincel

el pincel

caixa de tintas

la caja de pinturas

tesoura

la tijera

cola

el pegamento

livro de exercícios

el cuaderno de ejercicios

trabalhos de casa

la tarea

número

el número

somar

sumar

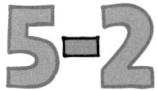

subtrair

restar

multiplicar

multiplicar

calcular

calcular

letra

la letra

alfabeto

el abecedario

palavra

la palabra

texto

el texto

ler

leer

giz

la tiza

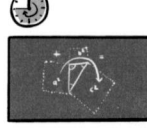

hora

la lección

registo de presenças

el cuaderno de clase

exame

el examen

certificado

el certificado

uniforme escolar

el uniforme escolar

educação

la educación

enciclopédia

la enciclopedia

universidade

la universidad

microscópio

el microscopio

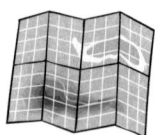

mapa

el mapa

cesto de lixo

el tacho (de basura)

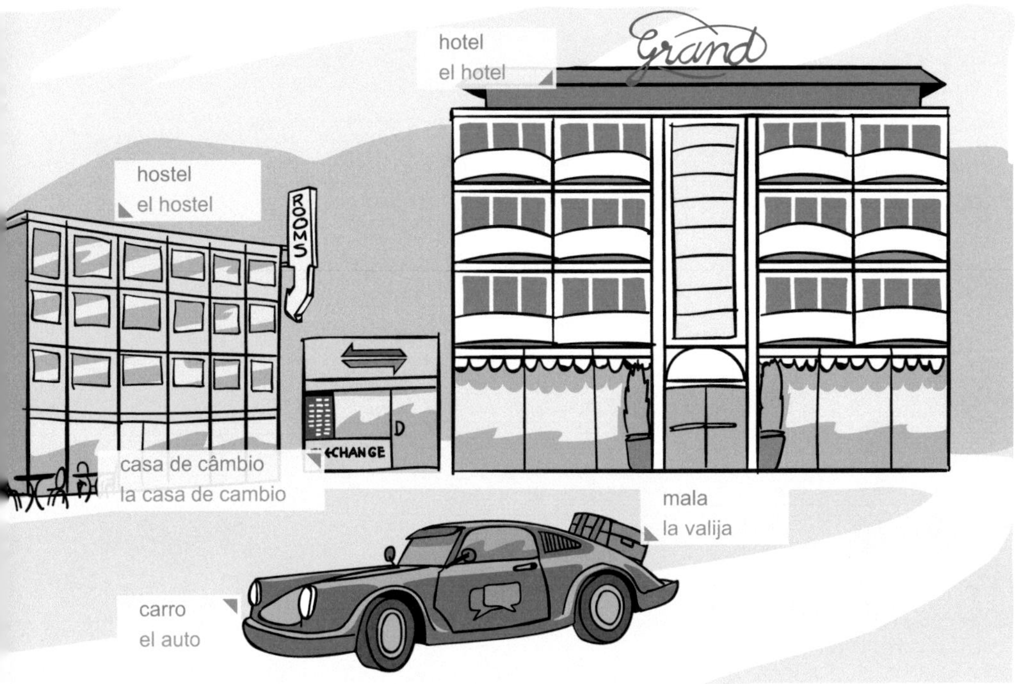

hotel
el hotel
Grand
hostel
el hostel
ROOMS
EXCHANGE
casa de câmbio
la casa de cambio
mala
la valija
carro
el auto

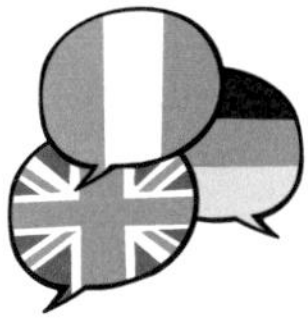

idioma

el idioma

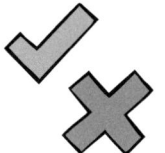

sim / não

sí / no

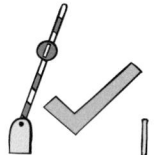

ok / certo / correto

Está bien

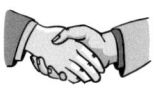

olá

hola

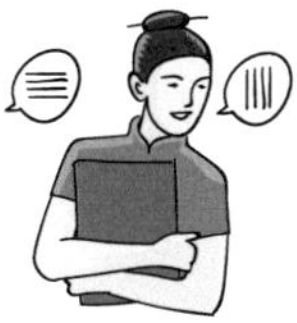

intérprete

el traductor

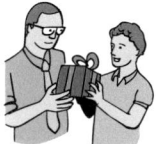

obrigado

Gracias

quanto é que custa... ?

¿cuánto cuesta…?

não entendo

No entiendo

problema

el problema

boa noite!

¡Buenas tardes!

Bom dia!

¡Buenos días!

Boa noite!

¡Buenas noches!

adeus

el adiós

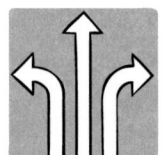

direção

la dirección

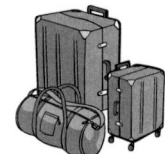

bagagem

el equipaje

saco

el bolso

mochila

la mochila

convidado

el invitado

quarto

la habitación

saco-cama

la bolsa de dormir

tenda

la carpa

informação turística

la información turística

praia

la playa

cartão de crédito

la tarjeta de crédito

pequeno-almoço

el desayuno

almoço

el almuerzo

jantar

la cena

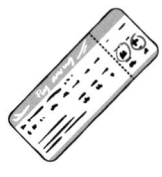

bilhete

el pasaje

elevador

el ascensor

selo postal

el sello

fronteira

la frontera

alfândega

la aduana

embaixada

la embajada

visto

la visa

passaporte

el pasaporte

transporte
el transporte

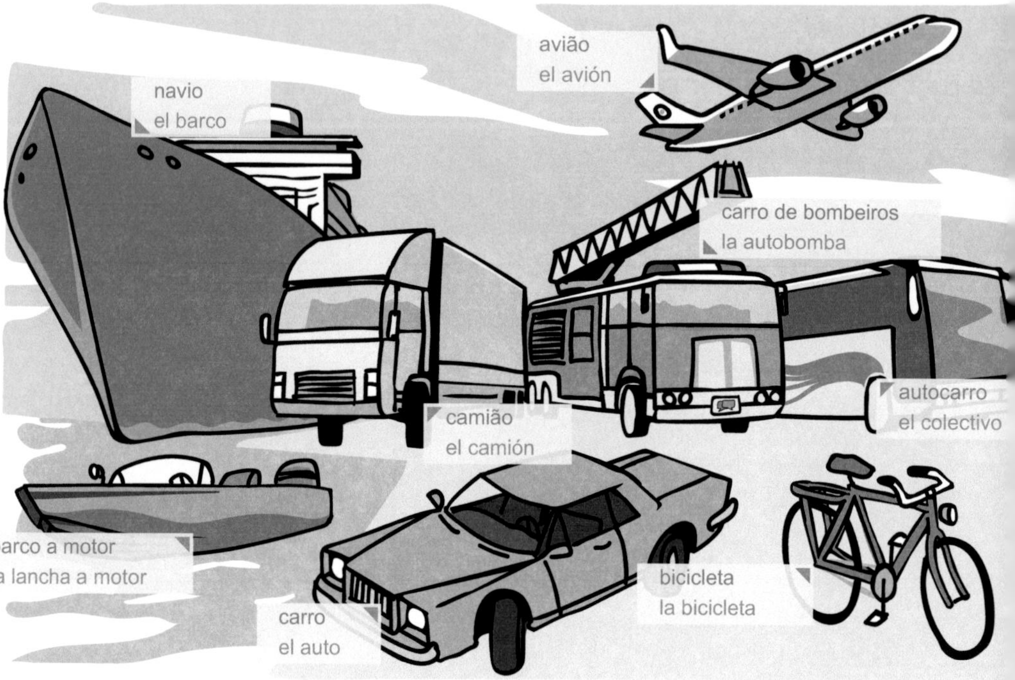

avião
el avión
navio
el barco
carro de bombeiros
la autobomba
autocarro
el colectivo
camião
el camión
barco a motor
la lancha a motor
bicicleta
la bicicleta
carro
el auto

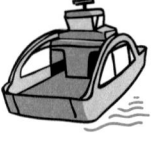

cacilheiro

el ferry

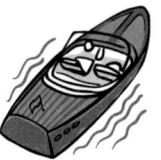

barco

el bote

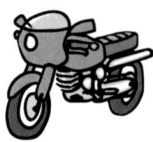

mota

la moto

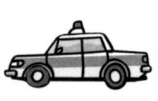

carro de polícia

el patrullero

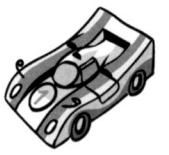

carro de corrida

el auto de carreras

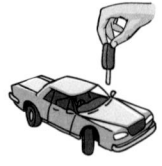

carro alugado

el auto de alquiler

carsharing

el alquiler de autos

camião de reboque

la grúa

camião do lixo

el camión de la basura

motor

el motor

combustível

la nafta

estação de serviço

la estación de servicio

sinal de trânsito

la señal de tránsito

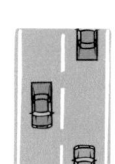

trânsito

el tránsito

congestionamento de trânsito

el embotellamiento

arque de estacionamento

el estacionamiento

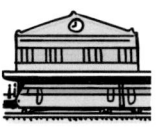

estação ferroviária

la estación de tren

carris

las vías

comboio

el tren

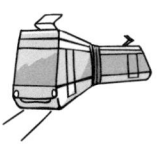

elétrico

el tranvía

carruagem

el vagón

helicóptero
el helicóptero

aeroporto
el aeropuerto

torre
la torre

passageiro
el pasajero

contentor
el contenedor

caixa de papelão
la caja de cartón

carrinho
la carretilla

cesto
la canasta

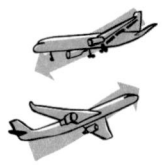

levantar voo / aterrar
despegar / aterrizar

cidade
la ciudad

aldeia
el pueblo

centro da cidade
el centro de la ciudad

casa
la casa

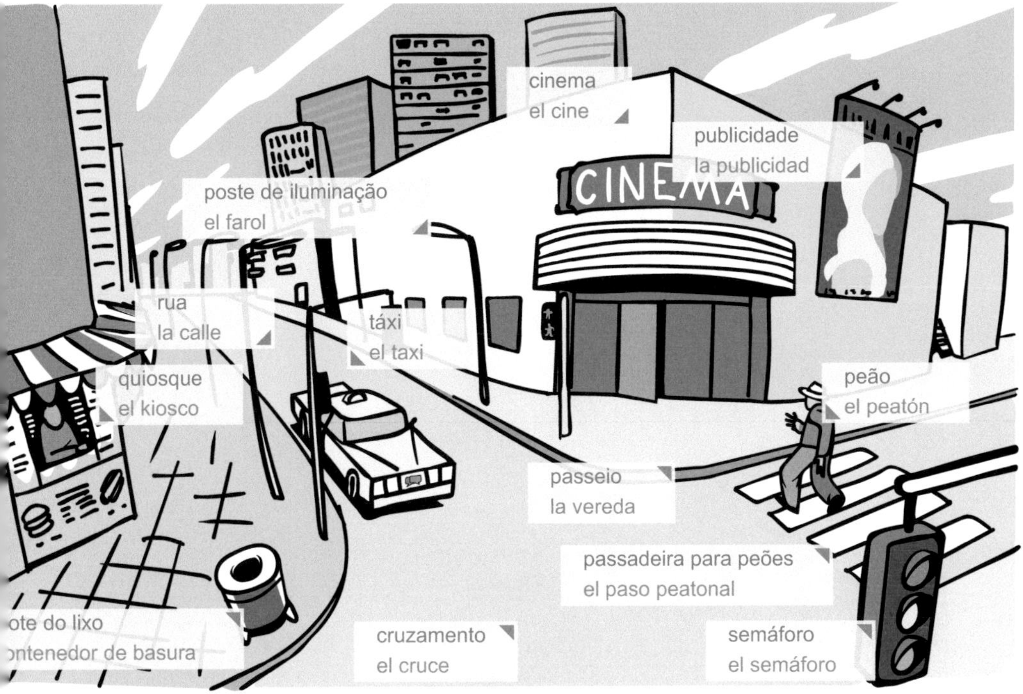

cinema
el cine
publicidade
la publicidad
CINEMA
poste de iluminação
el farol
rua
la calle
táxi
el taxi
quiosque
el kiosco
peão
el peatón
passeio
la vereda
passadeira para peões
el paso peatonal
ote do lixo
ntenedor de basura
cruzamento
el cruce
semáforo
el semáforo

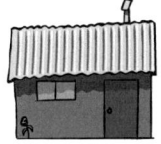

cabana

la cabaña

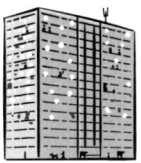

apartamento

el departamento

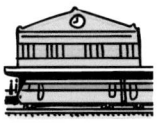

estação ferroviária

la estación de tren

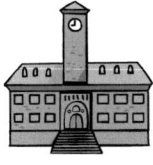

câmara municipal

la municipalidad

MUSEUM

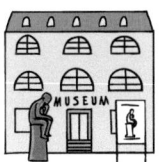

museu

el museo

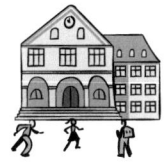

escola

el colegio

universidade

la universidad

banco

el banco

hospital

el hospital

hotel

el hotel

farmácia

la farmacia

escritório

la oficina

livraria

la librería

loja

el negocio

florista

la florería

supermercado

el supermercado

mercado

el mercado

loja de departamentos

las grandes tiendas

peixaria

la pescadería

centro comercial

el centro comercial

porto

el puerto

parque

el parque

banco

el banco

ponte

el puente

escadas

las escaleras

metro

el subte

túnel

el túnel

paragem de autocarro

la parada del colectivo

bar

el bar

restaurante

el restaurante

caixa de correio

el buzón

sinal de trânsito

el letrero

parquímetro

el parquímetro

jardim zoológico

el zoológico

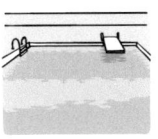

piscina

la pileta

mesquita

la mezquita

quinta
la granja

poluição
la contaminación

cemitério
el cementerio

igreja
la iglesia

parque infantil
los juegos infantiles

templo
el templo

paisagem
el paisaje

folha
la hoja

placa de sinalização
el poste indicador

caminho
el camino

prado
la pradera

pedra
la piedra

árvore
el árbol

caminhantes
el excursionista

rio
el río

relva
la hierba

flor
la flor

vale
....
el valle

montanha
....
la montaña

lago
....
el lago

floresta
....
el bosque

deserto
....
el desierto

vulcão
....
el volcán

castelo
....
el castillo

arco-íris
....
el arco iris

cogumelo
....
el champiñón

palma
....
la palmera

mosquito
....
el mosquito

mosca
....
la mosca

formiga
....
la hormiga

abelha
....
la abeja

aranha
....
la araña

besouro

el escarabajo

sapo

la rana

esquilo

la ardilla

ouriço

el erizo

lebre

la liebre

coruja

la lechuza

pássaro

el pájaro

cisne

el cisne

javali

el jabalí

veado

el ciervo

alce

el alce

barragem

la presa

turbina eólica

el aerogenerador

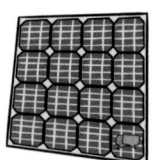

painel solar

el panel solar

clima

el clima

restaurante
el restaurante

empregado de mesa
el mozo
menu
el menú
cadeira
la silla
sopa
la sopa
pizza
la pizza
talheres
los cubiertos
toalha de mesa
el mantel

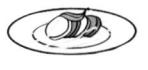

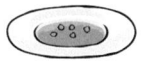

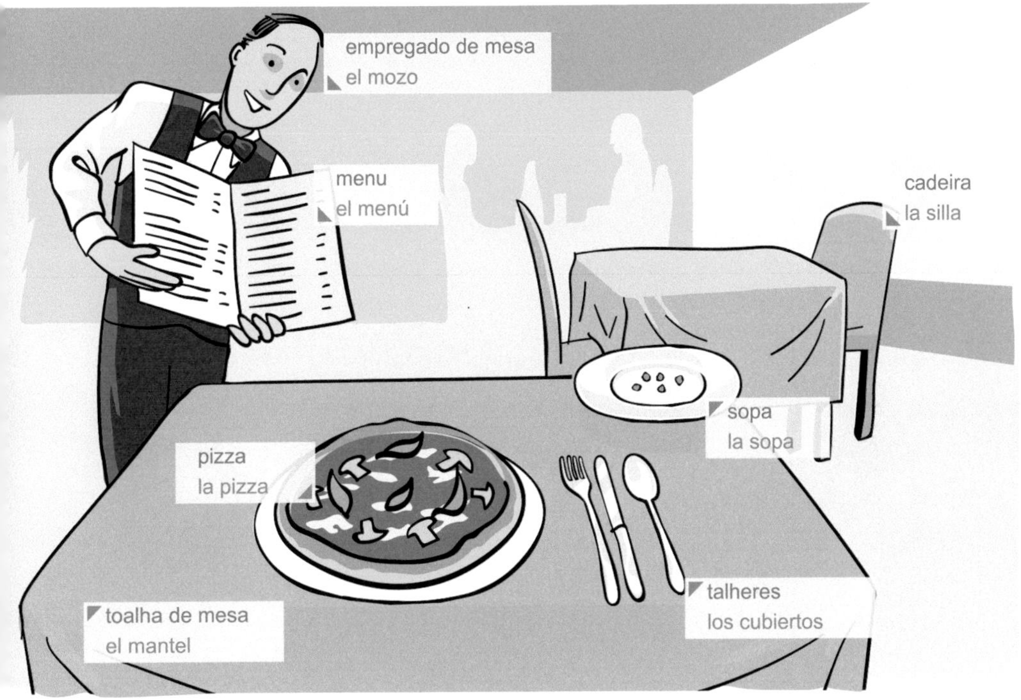

entrada

la entrada

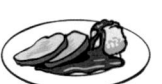

prato principal

el plato principal

sobremesa

el postre

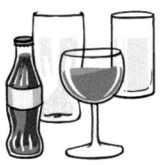

bebidas

las bebidas

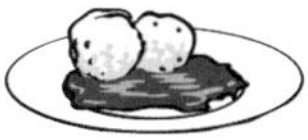

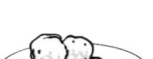

comida

la comida

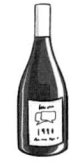

garrafa

la botella

fast food

la comida rápida

comida de rua

la comida callejera

bule de chá

la tetera

açucareiro

la azucarera

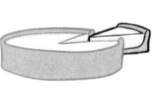

porção

la porción

máquina de café expresso

la cafetera expreso

cadeira alta

la sillita alta

conta

la cuenta

bandeja

la bandeja

faca

el cuchillo

garfo

el tenedor

colher

la cuchara

colher de chá

la cucharita

guardanapo

la servilleta

copo

el vaso

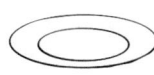

prato

el plato

prato de sopa

el plato hondo

pires

el plato

molho

la salsa

saleiro

el salero

moinho de pimenta

el molinillo de pimienta

vinagre

el vinagre

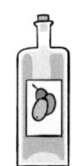

óleo

el aceite

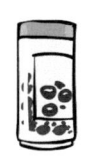

especiarias

las especias

ketchup

el kétchup

mostarda

la mostaza

maionese

la mayonesa

supermercado

el supermercado

oferta especial
la oferta especial
FOR
cliente
el cliente
laticínios
los lácteos
fruta
la fruta
carrinho de compras
el changuito

BUTCHERS

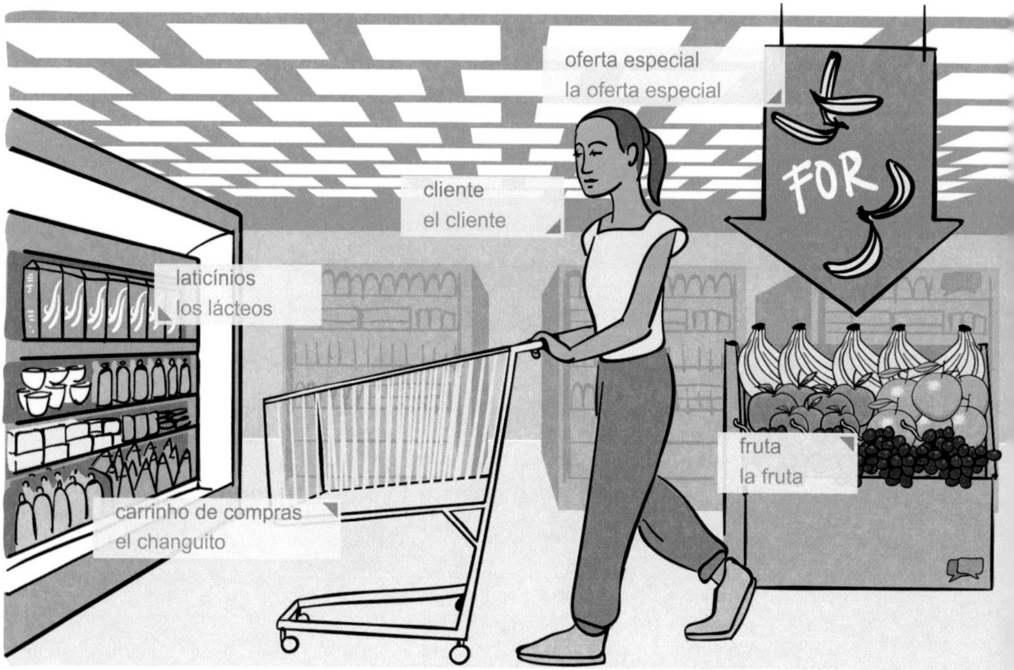

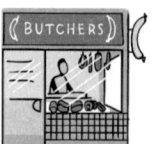

talho
la carnicería

BAKERY

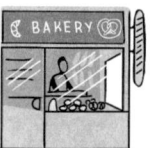

padaria
la panadería

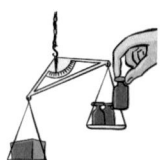

pesar
pesar

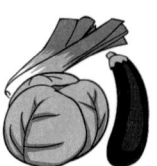

vegetais
las verduras

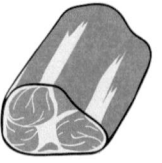

carne
la carne

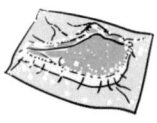

alimentos congelados
los alimentos congelados

charcutaria
....
los fiambres

comida enlatada
....
los alimentos enlatados

detergente em pó
....
el detergente en polvo

doces
....
las golosinas

artigos domésticos
....
los electrodomésticos

produtos de limpeza
....
los productos de limpieza

vendedora
....
la vendedora

caixa
....
la caja

caixa
....
el cajero

lista de compras
....
la lista de compras

horário de funcionamento
....
el horario de atención

carteira
....
la billetera

cartão de crédito
....
la tarjeta de crédito

saco
....
la cartera

saco de plástico
....
la bolsa de plástico

água

el agua

sumo

el jugo

leite

la leche

coca-cola

la bebida cola

vinho

el vino

cerveja

la cerveza

álcool

el alcohol

cacau

el cacao

chá

el té

café

el café

café expresso

el café expreso

capuccino

el cappuccino

banana

la banana

maçã

la manzana

laranja

la naranja

melão

el melón

limão

el limón

cenoura

la zanahoria

alho

el ajo

bambu

el bambú

cebola

la cebolla

cogumelo

el champiñón

nozes

las nueces

talharim

los fideos

esparguete

los tallarines

arroz

el arroz

salada

la ensalada

batatas fritas

las papas fritas

batatas fritas

las papas fritas

pizza

la pizza

hambúrguer

la hamburguesa

sanduíche

el sándwich

bife panado

el churrasco

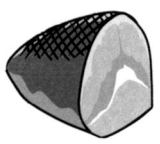

fiambre

el jamón

salame

el salame

salsicha

la salchicha

galinha

el pollo

assado

el asado

peixe

el pescado

flocos de aveia

los copos de avena

muesli

el muesli

flocos de milho

los copos de maíz

farinha

la harina

croissant

la medialuna

carcaça (pãozinho)

el pancito

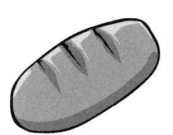

pão

el pan

torrada

la tostada

biscoitos

las galletitas

manteiga

la manteca

requeijão

la cuajada

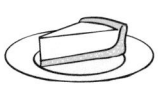

bolo

la torta

ovo

el huevo

ovo estrelado

el huevo frito

queijo

el queso

gelado

el helado

açúcar

el azúcar

mel

la miel

compota

la mermelada

creme de nougat

la pasta de chocolate

caril

el curry

quinta
la granja

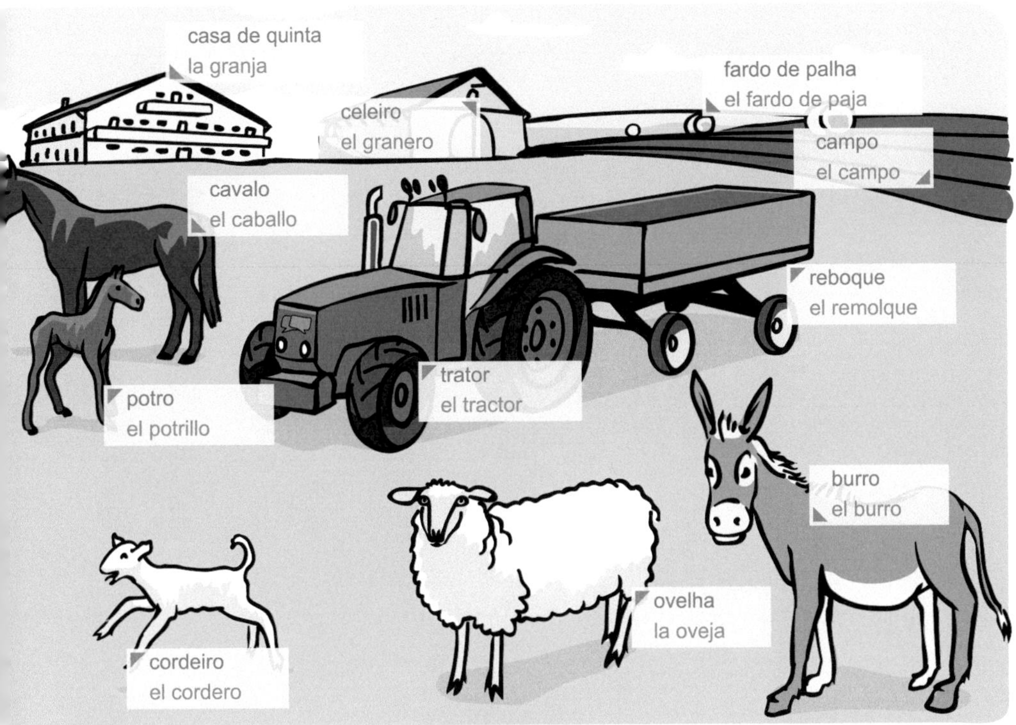
casa de quinta
la granja
celeiro
el granero
fardo de palha
el fardo de paja
campo
el campo
cavalo
el caballo
reboque
el remolque
trator
el tractor
potro
el potrillo
burro
el burro
ovelha
la oveja
cordeiro
el cordero

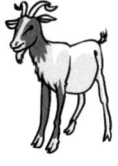

cabra
la cabra

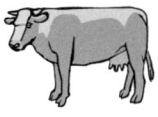

vaca
la vaca

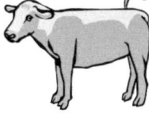

bezerro
el ternero

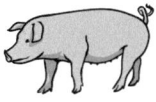

porco
el cerdo

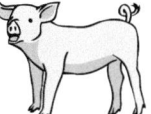

leitão
el lechón

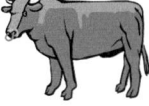

touro
el toro

ganso

el ganso

pato

el pato

pintaínho

el pollo

galinha

la gallina

galo

el gallo

ratazana

la rata

gato

el gato

rato

el ratón

boi

el buey

cão

el perro

casota

la cucha

mangueira de jardim

la manguera

regador

la regadera

foice

la guadaña

arado

el arado

foice
la hoz

enxada
la azada

forquilha
la horquilla

machado
el hacha

carrinho de mão
la carretilla

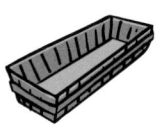

manjedoura
el abrevadero

jarro de leite
la lechera

saco
la bolsa

cerca
la reja

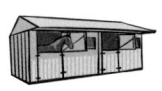

estábulo
el establo

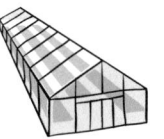

estufa
el invernadero

solo
el suelo

semente
la semilla

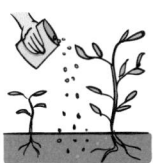

fertilizante
el fertilizador

ceifeira-debulhadora
la cosechadora

colher
....
cosechar

colheita
....
la cosecha

inhame
....
las batatas

trigo
....
el trigo

soja
....
la soja

batata
....
la papa

milho
....
el maíz

colza
....
la semilla de colza

árvore de fruto
....
el árbol frutal

mandioca
....
la mandioca

cereais
....
los cereales

casa

la casa

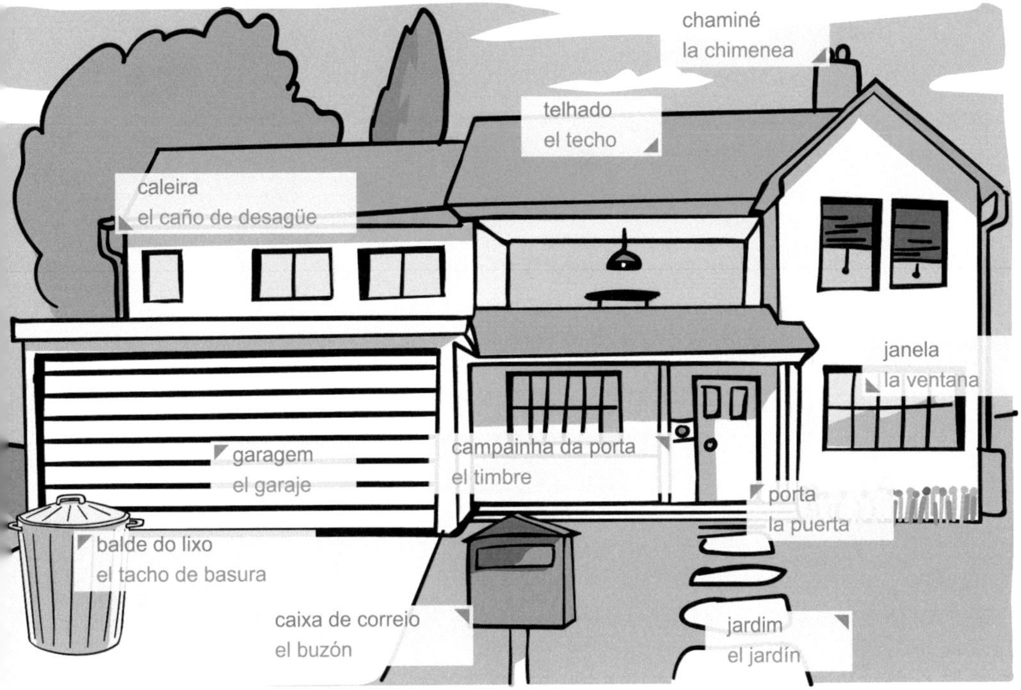
chaminé
la chimenea
telhado
el techo
caleira
el caño de desagüe
janela
la ventana
garagem
el garaje
campainha da porta
el timbre
porta
la puerta
balde do lixo
el tacho de basura
caixa de correio
el buzón
jardim
el jardín

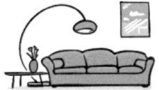

sala de estar

el living

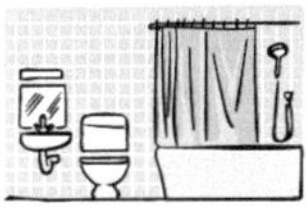

casa de banho

el baño

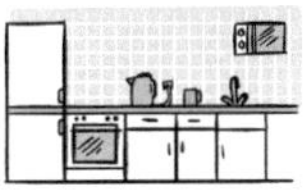

cozinha

la cocina

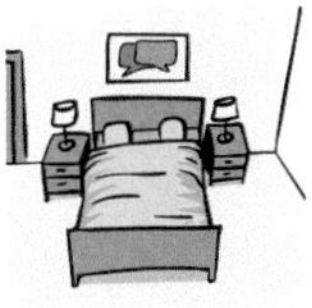

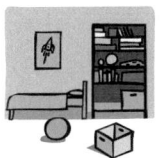

quarto de dormir

el dormitorio

quarto de criança

el cuarto de los chicos

sala de jantar

el comedor

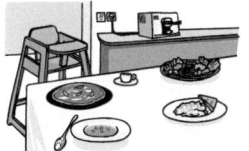

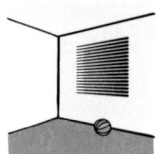

chão
el piso

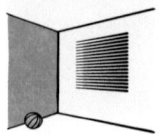

parede
la pared

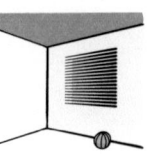

teto
el cielorraso

cave
el sótano

sauna
el sauna

varanda
el balcón

terraço
la terraza

piscina
la pileta

máquina de cortar relvado
la cortadora de pasto

lençol
la sábana

cobertor
el acolchado

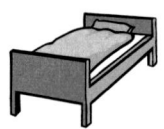

cama
la cama

vassoura
la escoba

balde
el balde

interruptor
el interruptor

sala de estar
el living

papel de parede
el empapelado
imagem
la imagen
lâmpada
la lámpara
prateleira
el estante
armário
el armario
televisão
la televisión
lareira
la chimenea
flor
la flor
almofada
el almohadón
sofá
el sofá
vaso
el florero
controlo remoto
el control remoto

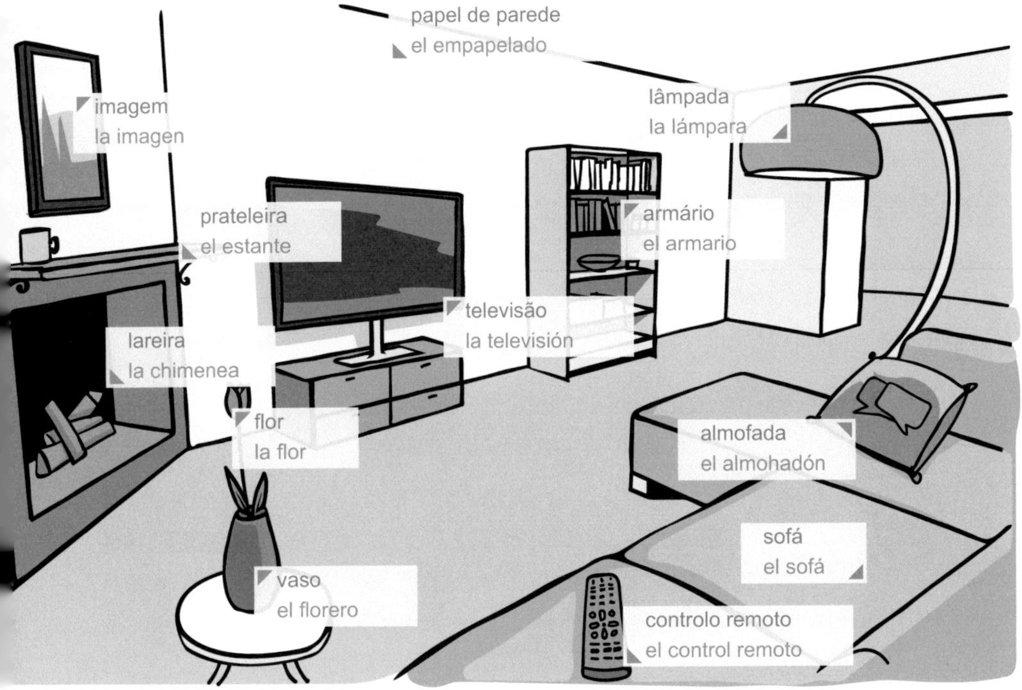

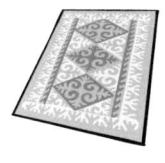

tapete

la alfombra

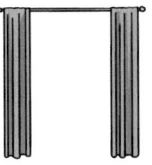

cortina

la cortina

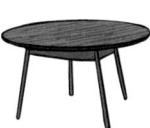

mesa

la mesa

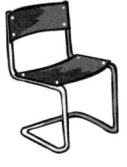

cadeira

la silla

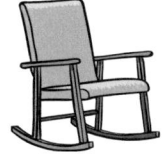

cadeira de baloiço

la mecedora

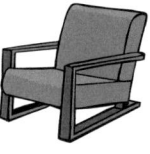

poltrona

el sillón

livro
el libro

cobertor
la frazada

decoração
la decoración

lenha
la leña

filme
la película

sistema estéreo
el equipo de música

chave
la llave

jornal
el diario

pintura
la pintura

póster
el póster

rádio
la radio

bloco de notas
el cuaderno

aspirador
la aspiradora

cato
el cactus

vela
la vela

cozinha
la cocina

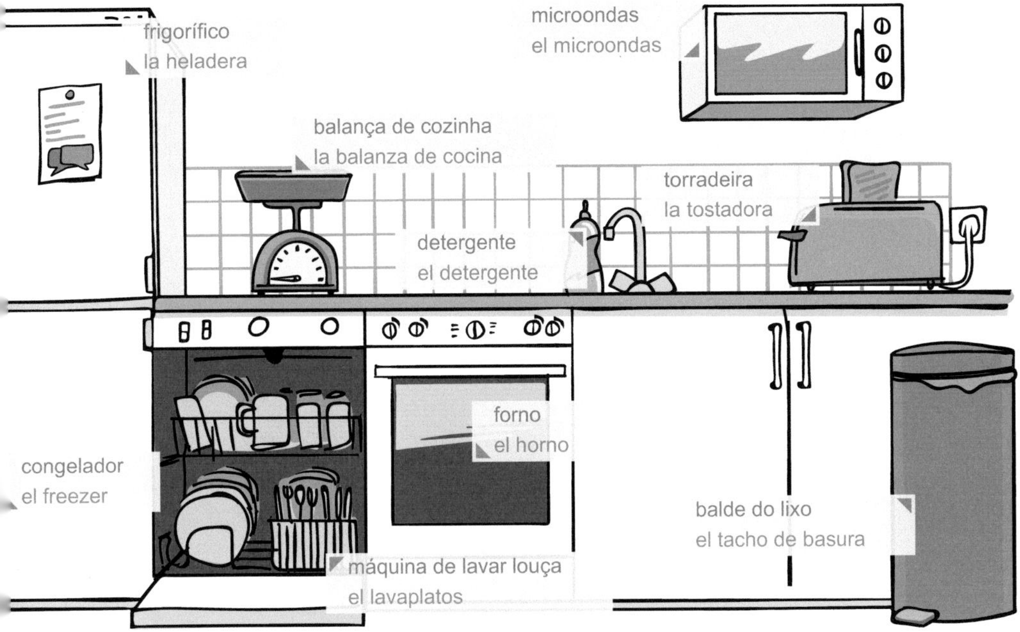

frigorífico
la heladera
microondas
el microondas
balança de cozinha
la balanza de cocina
torradeira
la tostadora
detergente
el detergente
forno
el horno
congelador
el freezer
balde do lixo
el tacho de basura
máquina de lavar louça
el lavaplatos

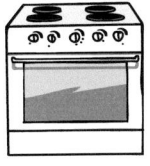

fogão

la cocina

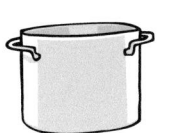

panela

la olla

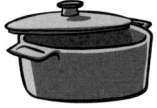

panela de ferro

la olla de hierro fundido

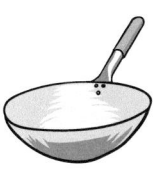

wok / kadai

el wok

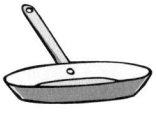

frigideira

la sartén

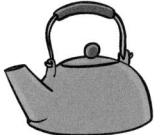

chaleira

la pava

panela a vapor

la vaporera

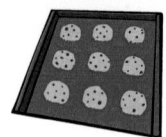

tabuleiro de forno

la bandeja de horno

louça

la vajilla

caneca

la taza

tigela

el bol

pauzinhos

los palitos

concha de sopa

el cucharón

espátula

la espátula

batedor de claras

la batidora

escorredor

el colador

peneira

el colador

ralador

el rallador

almofariz

el mortero

churrasqueira

la parrilla

lareira

la fogata

tábua de cortar

la tabla de picar

rolo da massa

el palo de amasar

saca-rolhas

el sacacorchos

lata

la lata

abridor de latas

el abrelatas

luvas de forno

la manopla

lava-loiça

la pileta

escova

el cepillo

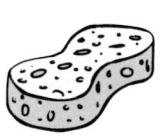

esponja

la esponja

liquidificador

la batidora

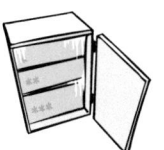

arca frigorífica

el congelador

biberão

la mamadera

torneira

la canilla

casa de banho

el baño

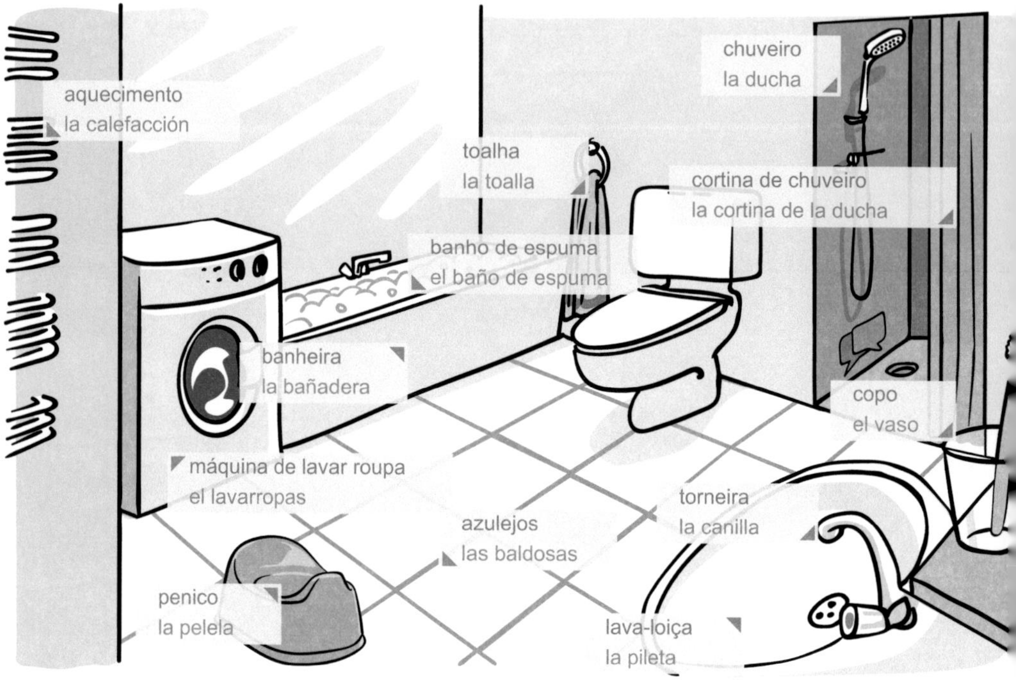

aquecimento
la calefacción
chuveiro
la ducha
toalha
la toalla
cortina de chuveiro
la cortina de la ducha
banho de espuma
el baño de espuma
banheira
la bañadera
copo
el vaso
máquina de lavar roupa
el lavarropas
torneira
la canilla
azulejos
las baldosas
penico
la pelela
lava-loiça
la pileta

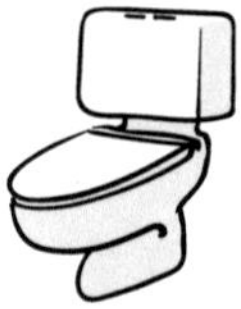

sanita

el inodoro

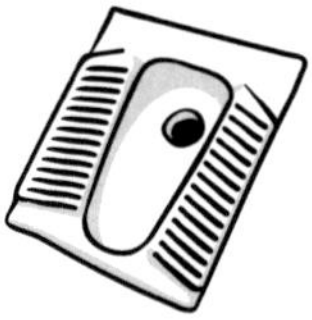

retrete turca

la letrina

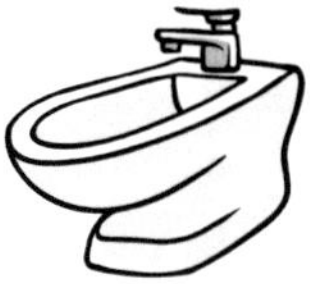

bidé

el bidé

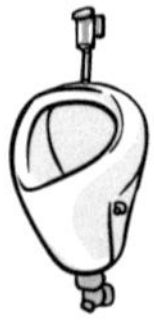

urinol

el mingitorio

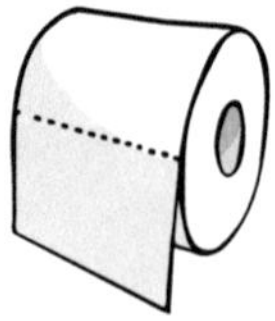

papel higiénico

el papel higiénico

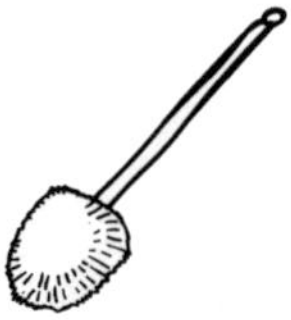

piaçaba

el cepillo para el inodoro

escova de dentes

el cepillo de dientes

pasta de dentes

el dentífrico

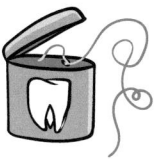

fio dentário

el hilo dental

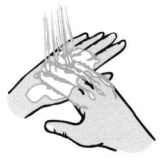

lavar

lavar

chuveiro de mão

la ducha de mano

duche íntimo

la ducha higiénica

bacia

la palangana

escova para as costas

el cepillo para la espalda

sabonete

el jabón

gel de banho

el gel de ducha

champô

el shampoo

toalha de rosto

la toallita

escoamento

el desagüe

creme

la crema

desodorizante

el desodorante

espelho
el espejo

espelho de mão
el espejito

máquina de barbear
la maquinita de afeitar

creme de barbear
la espuma de afeitar

loção pós-barba
el aftershave

pente
el peine

escova
el cepillo

secador de cabelo
el secador de pelo

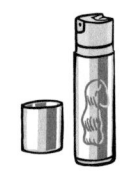

spray de cabelo
el spray

maquilhagem
el maquillaje

batom
el lápiz de labios

verniz de unhas
el esmalte para uñas

algodão
el algodón

tesoura para unhas
la tijera para uñas

perfume
el perfume

nécessaire

el portacosméticos

tamborete

la banqueta

balança

la balanza

roupão de banho

la bata

luvas de borracha

los guantes de goma

tampão

el tampón

penso higiénico

la toallita femenina

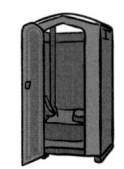

WC químico

el baño químico

quarto de criança
el cuarto de los chicos

despertador
el despertador
peluche
el peluche
carro de brincar
el coche de juguete
chocalho
el sonajero
casa de bonecas
la casa de muñecas
presente
el regalo

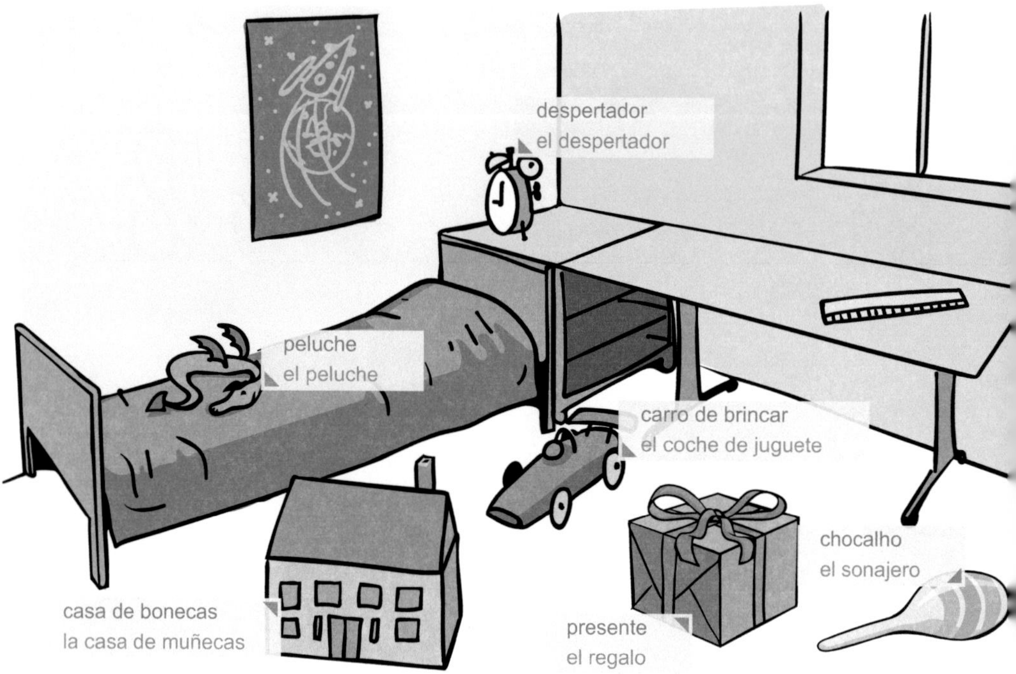

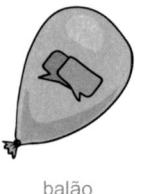

balão

el globo

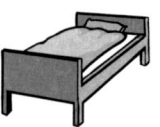

cama

la cama

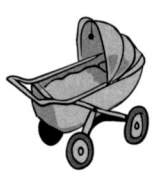

carrinho de bebé

el cochecito

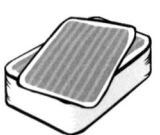

jogo de cartas

las cartas

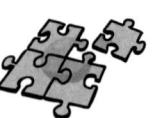

quebra-cabeças

el rompecabezas

SUPER
MEGA

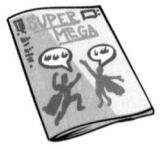

banda desenhada

la historieta

peças de Lego

las piezas de lego

blocos de construção

los ladrillos de juguete

figura de ação

la figura de acción

fato de bebé

el enterito (de bebé)

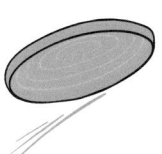

Frisbee

el frisbee

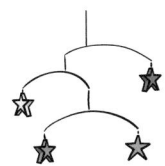

móbile para bebé

el móvil para bebés

jogo de tabuleiro

el juego de mesa

dados

los dados

pista de comboio elétrico

el tren eléctrico

chupeta

el chupete

festa

la fiesta

livro ilustrado

el libro de cuentos ilustrado

bola

la pelota

boneca

la muñeca

jogar

jugar

caixa de areia
el arenero

baloiço
la hamaca

brinquedos
los juguetes

consola de jogos
la consola de videojuegos

triciclo
el triciclo

ursinho de peluche
el osito de peluche

guarda-roupa
el armario

vestuário
la ropa

meias
las medias

meias pelo joelho
las medias panty

meias-calças
las calzas

cachecol
la bufanda

guarda-chuva
el paraguas

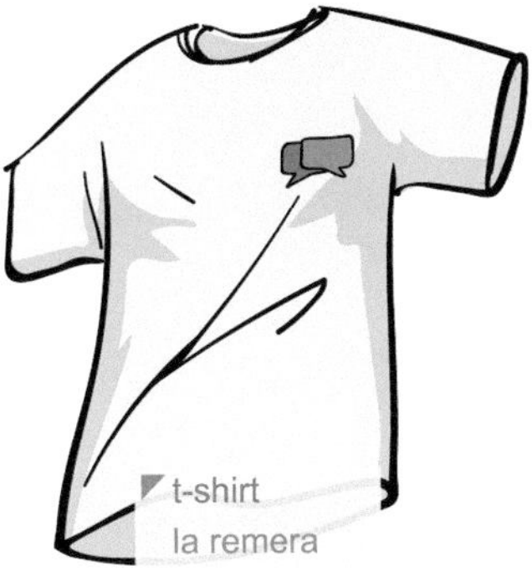

t-shirt
la remera

cinto
el cinturón

botas
las botas

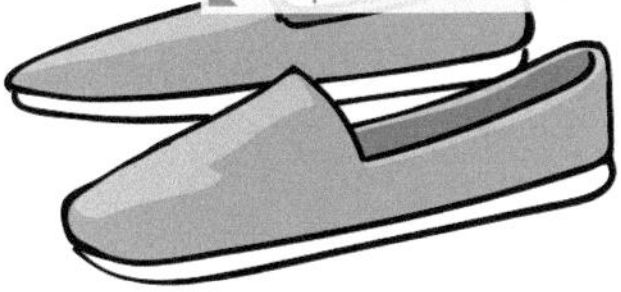

chinelos
las pantuflas

sapatilhas
las zapatillas

sandálias
las sandalias

sapatos
los zapatos

botas de borracha
las botas de goma

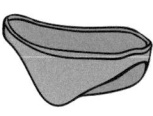

cuecas
la ropa interior

sutiã
el corpiño

camisola interior
el chaleco

body

el body

calças

los pantalones

calças de ganga

los jeans

saia

la pollera

blusa

la blusa

camisa

la camisa

pulôver

el pulóver

camisola com capuz

el buzo

blazer

el blazer

casaco

la campera

manto

el tapado

gabardina

el piloto

traje

el traje

vestido

el vestido

vestido de casamento

el vestido de novia

fato

el traje

camisa de dormir

el camisón

pijama

el pijama

sari

el sari

lenço de cabeça

el pañuelo para la cabeza

turbante

el turbante

burca

la burka

cafetã

el caftán

abaya

la abaya

fato de banho

el traje de baño

calções de banho

el short de baño

calções

los shorts

fato de treino

el jogging

avental

el delantal

luvas

los guantes

botão

el botón

óculos

los anteojos

pulseira

la pulsera

colar

el collar

anel

el anillo

brinco

el aro

boné

la gorra

cabide

la percha

chapéu

el sombrero

gravata

la corbata

fecho de correr

el cierre

capacete

el casco

suspensórios

los tiradores

uniforme escolar

el uniforme escolar

uniforme

el uniforme

vestuário - la ropa

babete
....
el babero

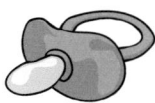

chupeta
....
el chupete

fralda
....
el pañal

escritório
la oficina

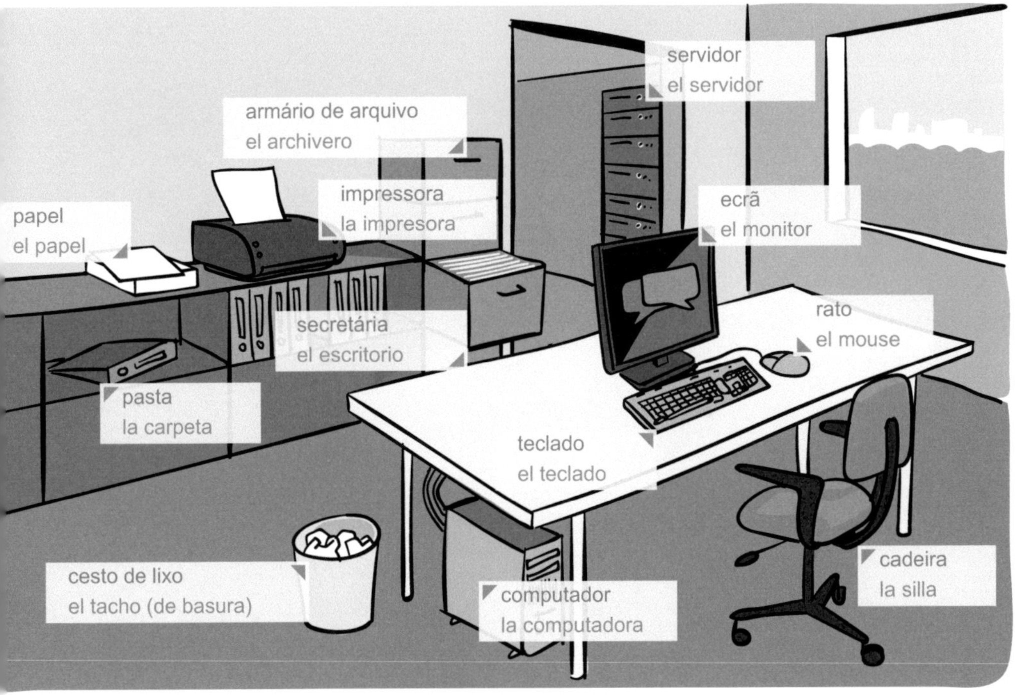

servidor
el servidor

armário de arquivo
el archivero

impressora
la impresora

ecrã
el monitor

papel
el papel

rato
el mouse

secretária
el escritorio

pasta
la carpeta

teclado
el teclado

cesto de lixo
el tacho (de basura)

cadeira
la silla

computador
la computadora

caneca de café
....
la taza de café

calculadora
....
la calculadora

internet
....
el internet

computador portátil
la laptop

carta
la carta

mensagem
el mensaje

telemóvel
el celular

rede
la red

fotocopiadora
la fotocopiadora

software
el software

telefone
el teléfono

tomada elétrica
el tomacorriente

fax
el fax

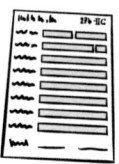

formulário
el formulario

documento
el documento

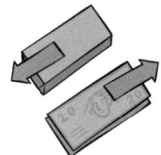

comprar
comprar

pagar
pagar

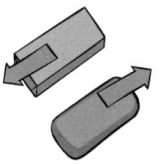

negociar
hacer negocios

dinheiro
el dinero

dólar
el dólar

euro
el euro

yen
el yen

rublo
el rublo

franco suíço
el franco suizo

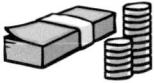

renminbi yuan
el yuan

rupia
la rupia

caixa de multibanco
el cajero automático

casa de câmbio

la casa de cambio

ouro

el oro

prata

la plata

petróleo

el petróleo

energia

la energía

preço

el precio

contrato

el contrato

imposto

el impuesto

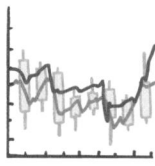

ação

la acción

trabalhar

trabajar

empregado

el empleado

entidade patronal

el empleador

fábrica

la fábrica

loja

el negocio

profissões
las ocupaciones

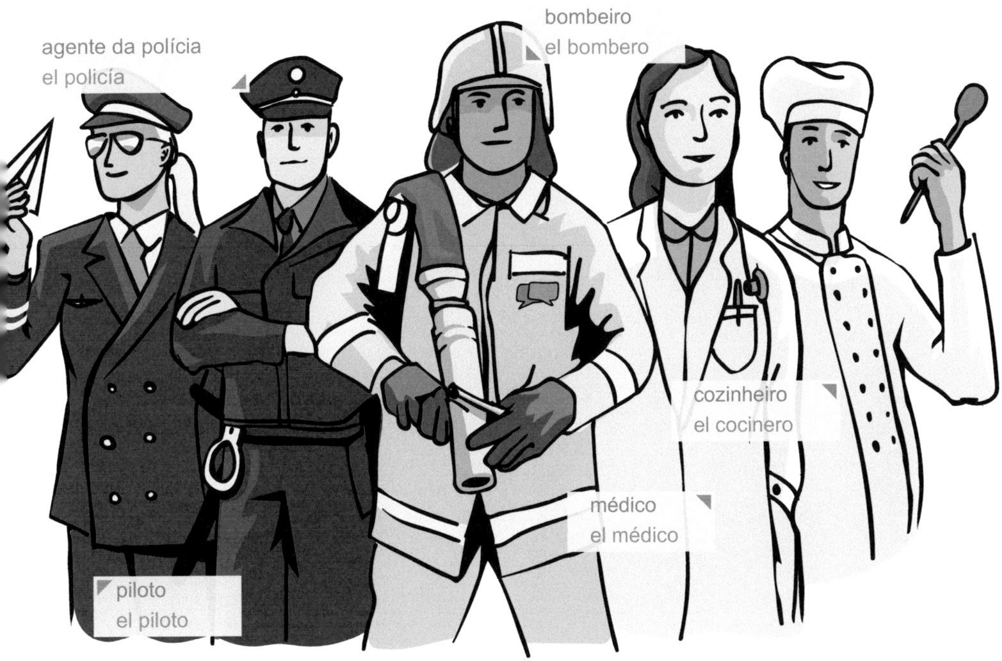

agente da polícia
el policía
bombeiro
el bombero
piloto
el piloto
médico
el médico
cozinheiro
el cocinero

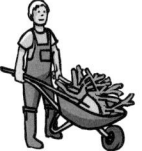

jardineiro

el jardinero

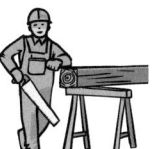

carpinteiro

el carpintero

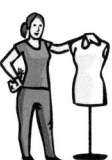

costureira

la modista

juiz

el juez

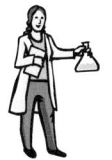

químico

el farmacéutico

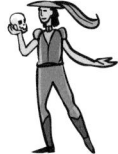

ator

el actor

motorista de autocarro

el colectivero

motorista de táxi

el taxista

pescador

el pescador

empregada de limpeza

la mucama

telhador

el techista

empregado de mesa

el mozo

caçador

el cazador

pintor

el pintor

padeiro

el panadero

eletricista

el electricista

construtor

el albañil

engenheiro

el ingeniero

talhante

el carnicero

canalizador

el plomero

carteiro

el cartero

profissões - las ocupaciones

soldado

el soldado

arquiteto

el arquitecto

caixa

el cajero

florista

el florista

cabeleireiro

el peluquero

controlador de bilhetes

el cobrador

mecânico

el mecánico

capitão

el capitán

dentista

el dentista

cientista

el científico

rabino

el rabino

imã

el imán

monge

el monje

pastor

el sacerdote

ferramentas
las herramientas

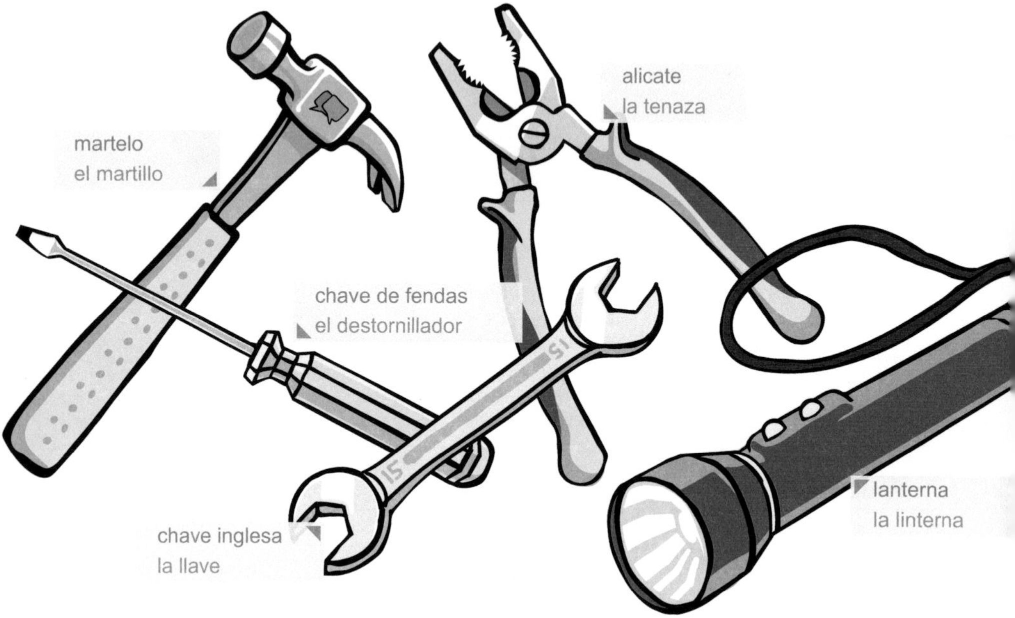

martelo
el martillo
alicate
la tenaza
chave de fendas
el destornillador
chave inglesa
la llave
lanterna
la linterna

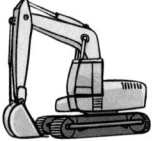

escavadora

la excavadora

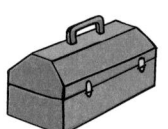

caixa de ferramentas

la caja de herramientas

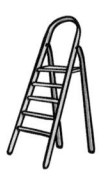

escadote

la escalera portátil

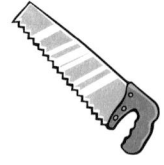

serra

la sierra

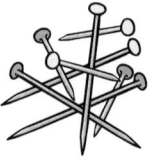

pregos

los clavos

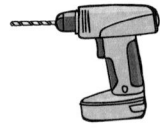

broca

el taladro

reparar
arreglar

pá
la pala de jardín

porcaria!
¡Qué bronca!

pá de lixo
la pala de plástico

pote de tinta
el tacho de pintura

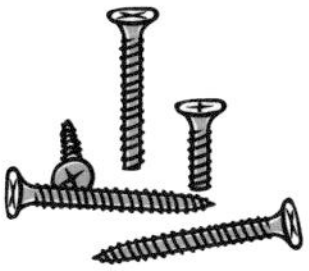

parafusos
los tornillos

instrumentos musicais
los instrumentos musicales

altifalante
el parlante

bateria
la batería

guitarra
la guitarra

contrabaixo
el contrabajo

trompete
la trompeta

piano
el piano

violino
el violín

baixo
el bajo

timbales
los timbales

tambor
el tambor

teclado
el teclado

saxofone
el saxofón

flauta
la flauta

microfone
el micrófono

jardim zoológico

el zoológico

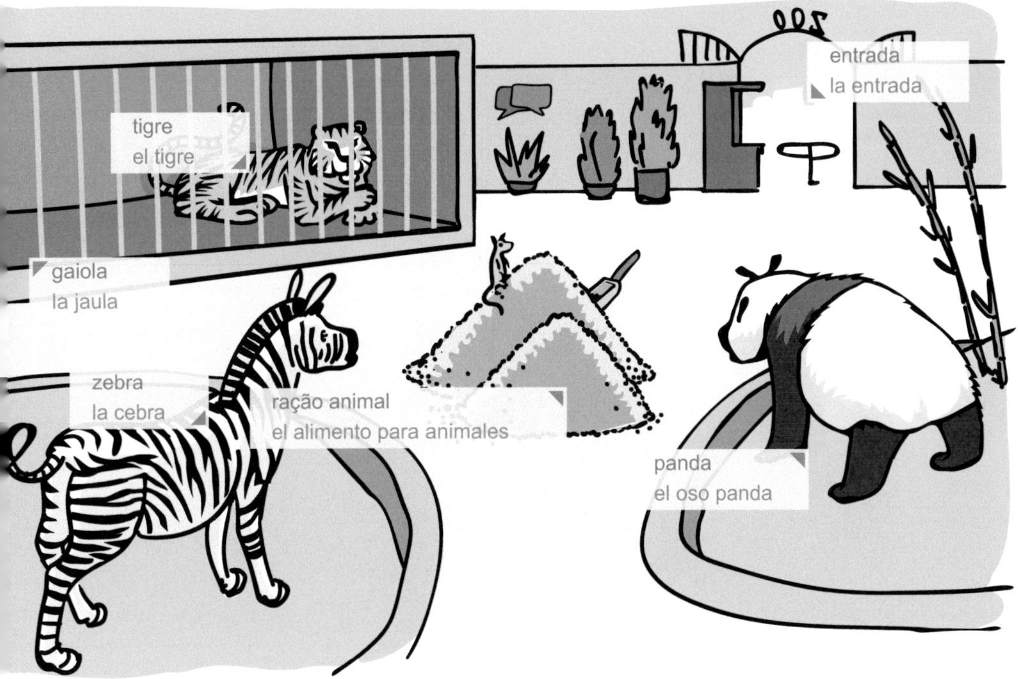
entrada
la entrada
tigre
el tigre
gaiola
la jaula
zebra
la cebra
ração animal
el alimento para animales
panda
el oso panda

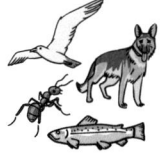

animais

los animales

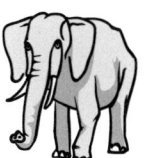

elefante

el elefante

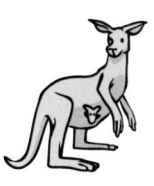

canguru

el canguro

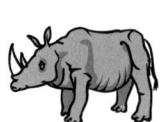

rinoceronte

el rinoceronte

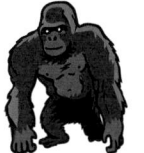

gorila

el gorila

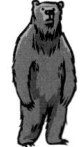

urso

el oso

camelo

el camello

avestruz

el avestruz

leão

el león

macaco

el mono

flamingo

el flamenco

papagaio

el loro

urso polar

el oso polar

pinguim

el pingüino

tubarão

el tiburón

pavão

el pavo real

cobra

la serpiente

crocodilo

el cocodrilo

guarda do jardim zoológico

el cuidador del zoológico

foca

la foca

jaguar

el jaguar

pónei

el poni

leopardo

el leopardo

hipopótamo

el hipopótamo

girafa

la jirafa

águia

el águila

javali

el jabalí

peixe

el pescado

tartaruga

la tortuga

morsa

la morsa

raposa

el zorro

gazela

la gacela

futebol americano
el fútbol americano

ciclismo
el ciclismo

ténis
el tenis

basquetebol
el básquet

natação
la natación

boxe
el boxeo

hóquei no gelo
el hockey sobre hielo

futebol
el fútbol

badminton
el bádminton

atletismo
el atletismo

andebol
el handball

esqui
el esquí

polo
el polo

atividades
las actividades

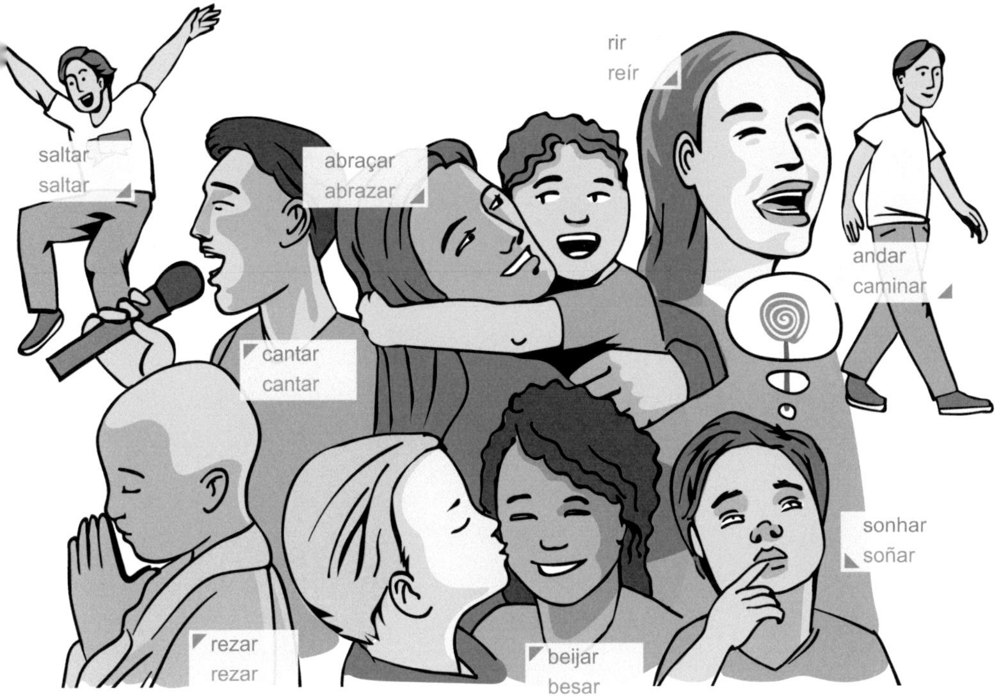

saltar
saltar
abraçar
abrazar
rir
reír
andar
caminar
cantar
cantar
sonhar
soñar
rezar
rezar
beijar
besar

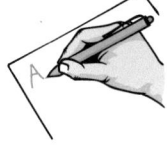

escrever

escribir

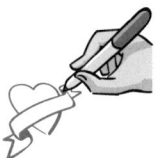

desenhar

dibujar

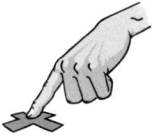

mostrar

mostrar

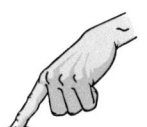

empurrar

presionar

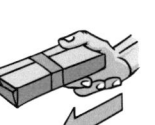

dar

dar

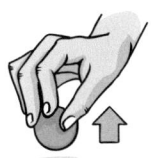

tomar

tomar

ter
tener

fazer
hacer

ser
ser

ficar de pé
estar parado

correr
correr

puxar
tirar

remessar
tirar

cair
caer

deitar
estar acostado

esperar
esperar

carregar
llevar

sentar
estar sentado

vestir
vestirse

dormir
dormir

acordar
despertar

atividades - las actividades

olhar para

mirar

chorar

llorar

acariciar

acariciar

pentear

peinar

falar

hablar

compreender

entender

perguntar

preguntar

ouvir

escuchar

beber

beber

comer

comer

arrumar

ordenar

amar

amar

cozinhar

cocinar

conduzir

manejar

voar

volar

velejar

navegar

calcular

calcular

ler

leer

aprender

aprender

trabalhar

trabajar

casar

casarse

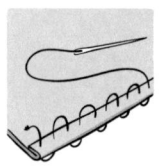

costurar

coser

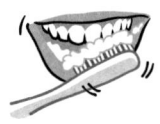

escovar os dentes

cepillarse los dientes

matar

matar

fumar

fumar

enviar

enviar

família
la familia

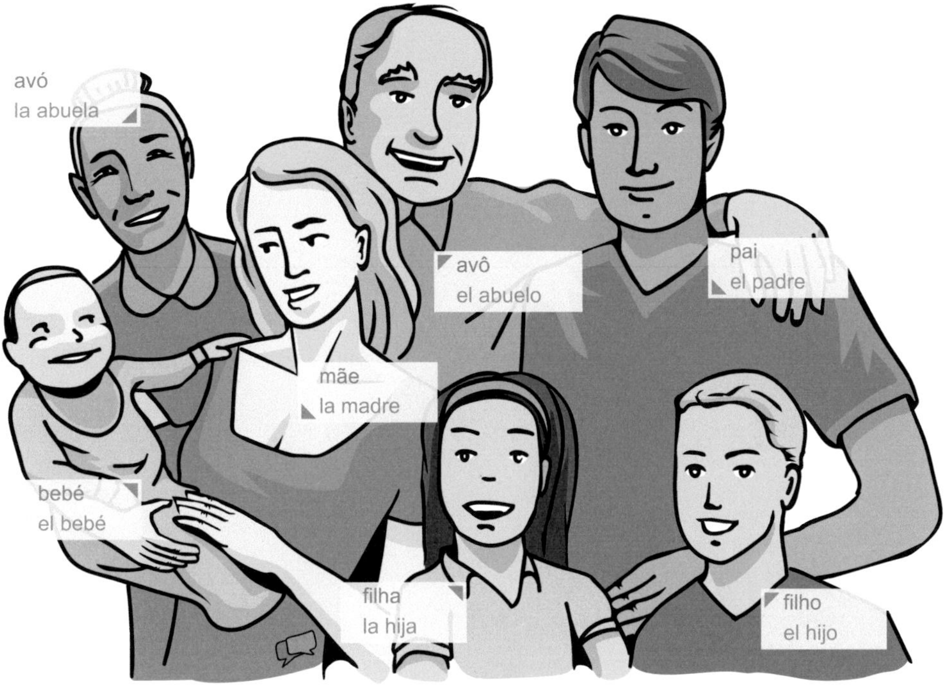
avó
la abuela
avô
el abuelo
pai
el padre
mãe
la madre
bebé
el bebé
filha
la hija
filho
el hijo

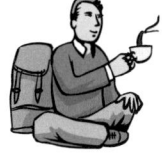

convidado

el invitado

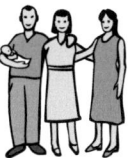

tia

la tía

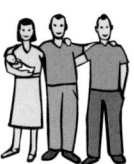

tio

el tío

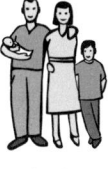

irmão

el hermano

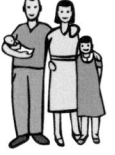

irmã

la hermana

corpo

el cuerpo

testa
la frente
olho
el ojo
ombro
el hombro
dedo
el dedo
cara
la cara
queixo
la pera
mão
la mano
perna
la pierna
peito
el pecho
braço
el brazo

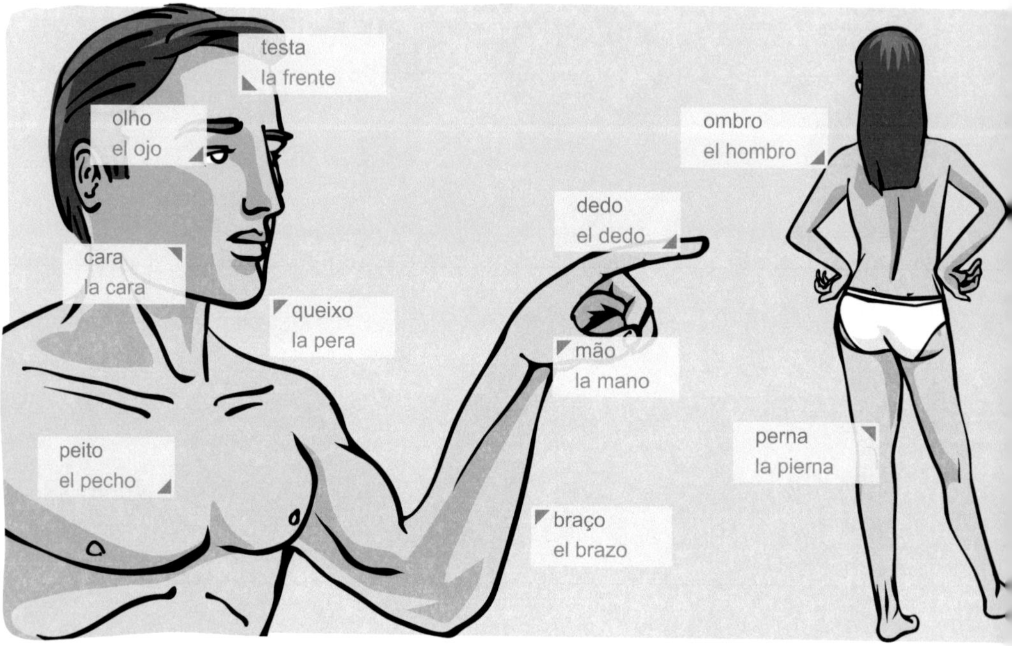

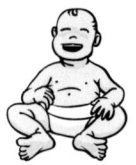

bebé

el bebé

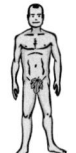

homem

el hombre

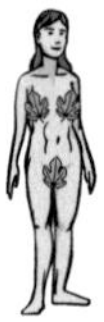

mulher

la mujer

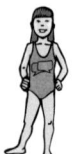

menina

la nena

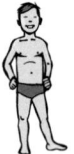

menino

el nene

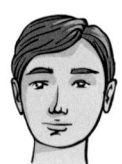

cabeça

la cabeza

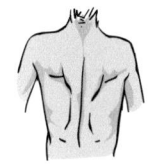

costas

la espalda

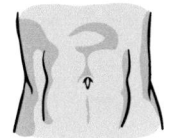

barriga

la panza

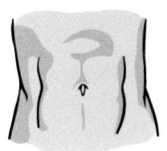

umbigo

el ombligo

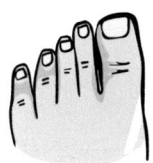

dedo do pé

el dedo del pie

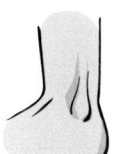

calcanhar

el talón

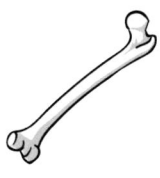

osso

el hueso

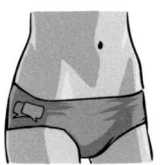

anca

la cadera

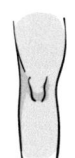

joelho

la rodilla

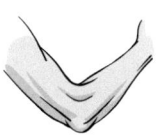

cotovelo

el codo

nariz

la nariz

nádegas

la cola

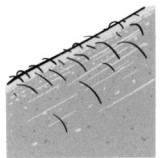

pele

la piel

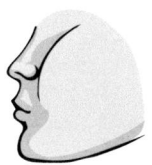

bochecha

el cachete

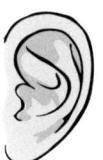

orelha

la oreja

lábio

el labio

corpo - el cuerpo

boca

la boca

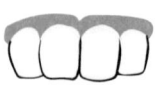

dente

el diente

língua

la lengua

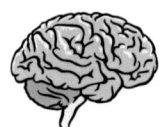

cérebro

el cerebro

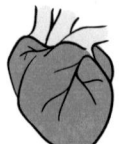

coração

el corazón

músculo

el músculo

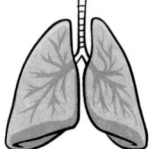

pulmão

el pulmón

fígado

el hígado

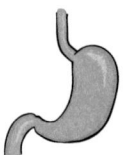

estômago

el estómago

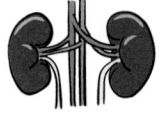

rins

los riñones

relações sexuais

el sexo

preservativo

el preservativo

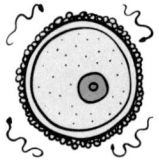

óvulo

el óvulo

esperma

el semen

gravidez

el embarazo

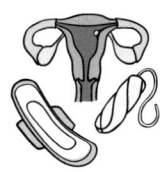

menstruação

la menstruación

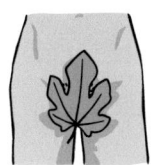

vagina

la vagina

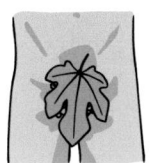

pénis

el pene

sobrancelha

la ceja

cabelo

el pelo

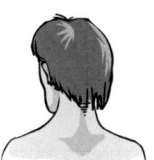

pescoço

el cuello

hospital
el hospital

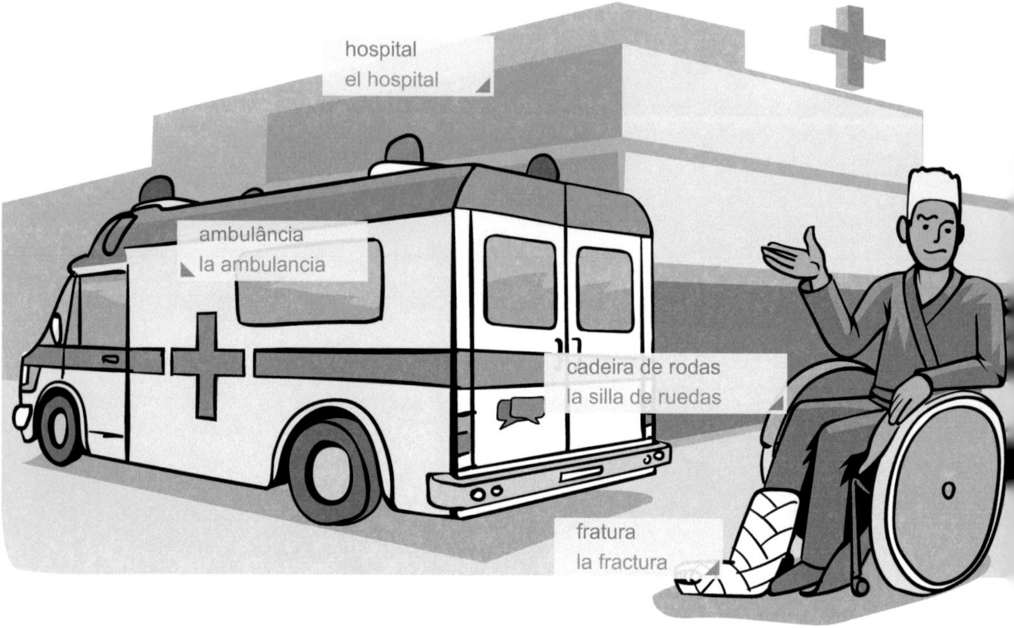

hospital
el hospital
ambulância
la ambulancia
cadeira de rodas
la silla de ruedas
fratura
la fractura

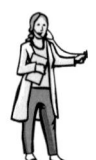

médico
el médico

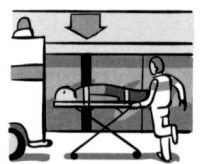

serviço de urgências
la sala de guardia

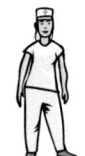

enfermeira
la enfermera

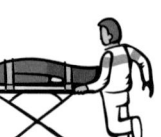

emergência
la emergencia

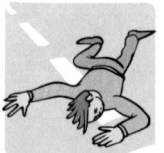

inconsciente
inconsciente

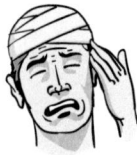

dor
el dolor

ferimento

la lesión

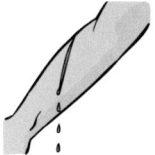

hemorragia

la hemorragia

ataque cardíaco

el infarto

cidente vascular cerebral

el ACV

alergia

la alergia

tosse

la tos

febre

la fiebre

gripe

la gripe

diarreia

la diarrea

dor de cabeça

el dolor de cabeza

cancro

el cáncer

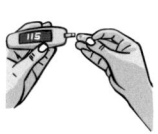

diabetes

la diabetes

cirurgião

el cirujano

bisturi

el bisturí

operação

la operación

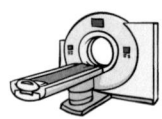

CT
la TC

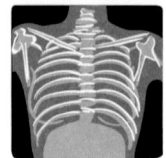

raio x
los rayos x

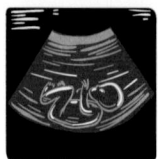

ultrassom
la ecografía

máscara
el barbijo

doença
la enfermedad

sala de espera
la sala de espera

muleta
la muleta

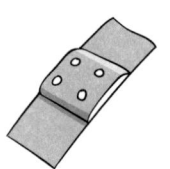

penso rápido
la curita

ligadura
la venda

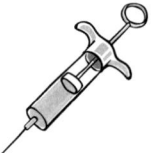

injeção
la inyección

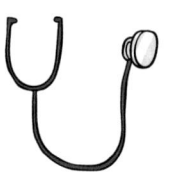

estetoscópio
el estetoscopio

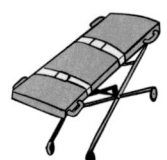

maca
la camilla

termómetro
el termómetro

nascimento
el nacimiento

excesso de peso
el sobrepeso

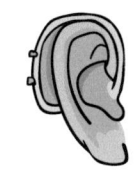

aparelho auditivo
el audífono

desinfetante
el desinfectante

infeção
la infección

vírus
el virus

HIV / SIDA
el VIH / SIDA

medicamento
el remedio

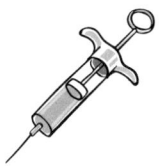

vacinação
la vacunación

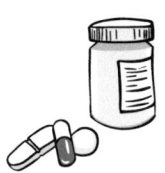

comprimidos
los comprimidos

pílula
la pastilla anticonceptiva

chamada de emergência
llamada de emergencia

dispositivo de medição de
pressão arterial
el tensiómetro

doente / saudável
enfermo / sano

Socorro!
¡Ayuda!

alarme
la alarma

assalto
la agresión

ataque
el ataque

perigo
el peligro

saída de emergência
la salida de emergencia

Fogo!
¡Fuego!

extintor de incêndios
el matafuego

acidente
el accidente

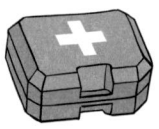

estojo de primeiros socorros

el botiquín de primeros auxilios

SOS
el SOS

polícia
la policía

Europa

Europa

América do Norte

América del Norte

América do Sul

América del Sur

África

África

Ásia

Asia

Austrália

Australia

Atlântico

el Atlántico

Pacífico

el Pacífico

Oceano Índico

el Océano Índico

Oceano Antártico

el Océano Antártico

Oceano Ártico

el Océano Ártico

Polo Norte

el polo norte

Polo Sul

el polo sur

Antártica

la Antártida

terra

la Tierra

país

la tierra

mar

el mar

ilha

la isla

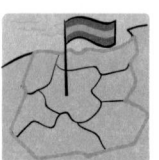

nação

la nación

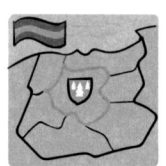

estado

el estado

mostrador do relógio
la esfera

ponteiro das horas
la manecilla de las horas

ponteiro dos minutos
el minutero

ponteiro dos segundos
el segundero

Que horas são?
¿Qué hora es?

dia
el día

tempo
la hora

agora
ahora

relógio digital
el reloj digital

minuto
el minuto

hora
la hora

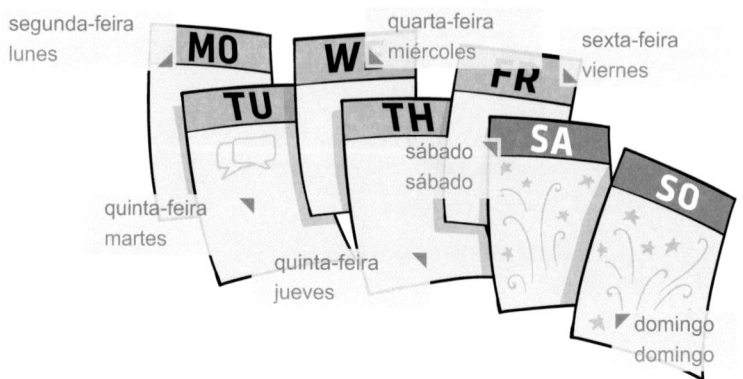

segunda-feira
lunes

quarta-feira
miércoles

sexta-feira
viernes

quinta-feira
martes

sábado
sábado

quinta-feira
jueves

domingo
domingo

ontem
ayer

hoje
hoy

amanhã
mañana

manhã
la mañana

meio-dia
el mediodía

entardecer
la tarde

dias úteis
los días hábiles

fim de semana
el fin de semana

chuva
la lluvia

arco-íris
el arco iris

neve
la nieve

vento
el viento

primavera
la primavera

outono
el otoño

verão
el verano

inverno
el invierno

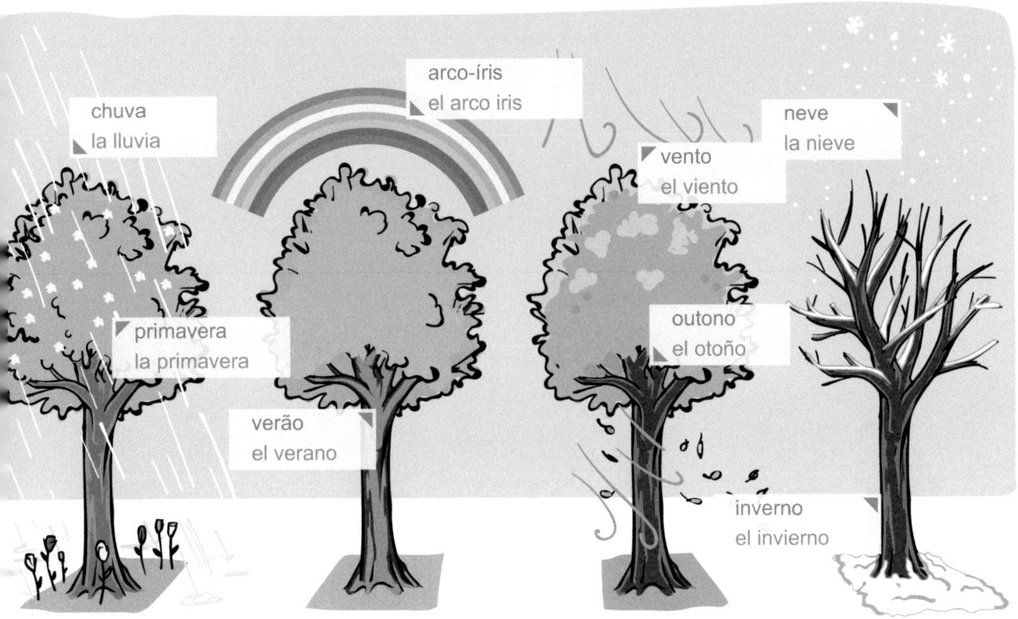

previsão do tempo
pronóstico meteorológico

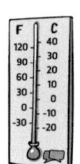

termómetro
el termómetro

raios de sol
la luz del sol

nuvem
la nube

neblina / nevoeiro
la niebla

humidade do ar
la humedad

relâmpago

el rayo

trovão

el trueno

tempestade

la tormenta

granizo

el granizo

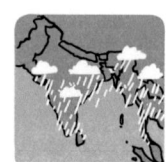

monção

el monzón

inundação

la inundación

gelo

el hielo

janeiro

enero

fevereiro

febrero

março

marzo

abril

abril

maio

mayo

junho

junio

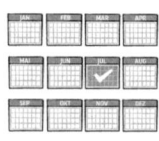

julho

julio

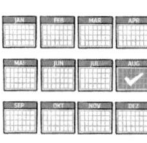

agosto

agosto

setembro
septiembre

outubro
octubre

novembro
noviembre

dezembro
diciembre

formas
las formas

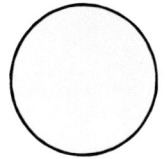

círculo
el círculo

quadrado
el cuadrado

retângulo
el rectángulo

triângulo
el triángulo

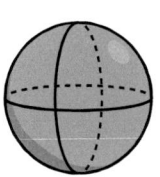

esfera
la esfera

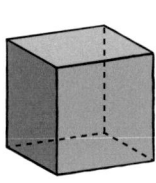

cubo
el cubo

branco

blanco

amarelo

amarillo

laranja

naranja

rosa

rosa

vermelho

rojo

lilás

violeta

azul

azul

verde

verde

castanho

marrón

cinzento

gris

preto

negro

muito / pouco

mucho / poco

furioso / calmo

enojado / tranquilo

lindo / feio

lindo / feo

princípio / fim

el principio / el fin

grande / pequeno

grande / chico

claro / escuro

claro / oscuro

irmão / irmã

el hermano / la hermana

limpo / sujo

limpio / sucio

completo / incompleto

completo / incompleto

dia / noite

el día / la noche

morto / vivo

muerto / vivo

largo / estreito

ancho / angosto

comestível / não comestível

comestible / no comestible

mau / gentil

malo / amable

entusiasmado / entediado

entusiasmado / aburrido

gordo / magro

gordo / flaco

primeiro / último

primero / último

amigo / inimigo

el amigo / el enemigo

cheio / vazio

lleno / vacío

duro / macio

duro / blando

pesado / leve

pesado / liviano

fome / sede

el hambre / la sed

doente / saudável

enfermo / sano

ilegal / legal

ilegal / legal

inteligente / burro

inteligente / estúpido

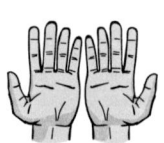

esquerda / direita

izquierda / derecha

perto / longe

cerca / lejos

novo / usado

nuevo / usado

nada / algo

nada / algo

velho / jovem

viejo / joven

ligado / desligado

encendido / apagado

aberto / fechado

abierto / cerrado

baixo / alto

silencioso / ruidoso

rico / pobre

rico / pobre

certo / errado

correcto / incorrecto

áspero / liso

áspero / suave

triste / feliz

triste / contento

curto / longo

corto / largo

lento / rápido

lento / rápido

molhado / seco

mojado / seco

ameno / fresco

caliente / frío

guerra / paz

guerra / paz

opostos - los opuestos

0

zero
cero

1

um
uno

2

dois
dos

3

três
tres

4

quatro
cuatro

5

cinco
cinco

6

seis
seis

7

sete
siete

8

oito
ocho

9

nove
nueve

10

dez
diez

11

onze
once

12

doze
doce

13

treze
trece

14

catorze
catorce

15

quinze
quince

16

dezasseis
dieciséis

17

dezassete
diecisiete

18

dezoito
dieciocho

19

dezanove
diecinueve

20

vinte
veinte

100

cem
cien

1.000

mil
mil

1.000.000

milhão
el millón

inglês

el inglés

inglês americano

el inglés americano

chinês mandarim

el chino mandarín

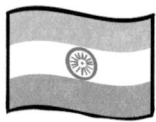

hindi

el hindi

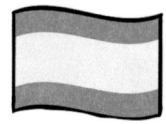

espanhol

el español

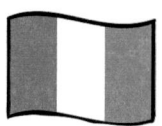

francês

el francés

árabe

el árabe

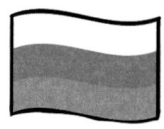

russo

el ruso

português

el portugués

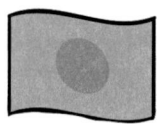

bengalês

el bengalí

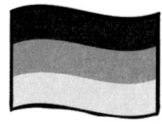

alemão

el alemán

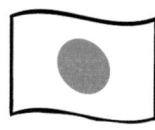

japonês

el japonés

eu
yo

tu
vos

ele / ela
él / ella

nós
nosotros

vós
ustedes

eles / elas
ellos

quem?
¿quién?

o quê?
¿qué?

como?
¿cómo?

onde?
¿dónde?

quando?
¿cuándo?

nome
el nombre

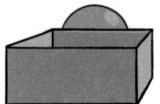

atrás
detrás

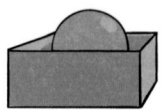

em
en

à frente de
adelante de

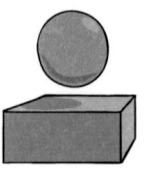

sobre
por encima de

em cima
sobre

debaixo
debajo de

ao lado
al lado de

entre
entre

lugar
el lugar